SUPERESTRELLAS DEL BÉISBOL

VLADIMIR GUERRERO

A LA CUMBRE!

¡Vlad es una superestrella del béisbol!

2012

Firmó contrato por usd$8 millones de dólares con Los Orioles de Baltimore.

2011

¡Firmó contrato por usd$5.5 millones con Los Rangers de Texas, quienes fueron a la Serie Mundial!

2010

Participa en todas las versiones del Juego de Las Estrellas.

1999-2007

Vlad juega su primer partido de Ligas Mayores.

1996

Los Expos de Montreal firman contrato con Vlad.

1993

Vladimir Guerrero nació en el pueblo de Nizao, República Dominicana.

1975

Mason Crest
370 Reed Road
Broomall, Pennsylvania 19008
www.masoncrest.com

Impreso y encuadernado en Estados Unidos de América

Primera Impresión
9 8 7 6 5 4 3 2 1

Library of Congress Cataloging-in-Publication Data

Rodriguez Gonzalez, Tania.
  [Vladimir Guerrero. Spanish]
  Vladimir Guerrero / by Tania Rodriguez.
     p. cm.
  ISBN 978-1-4222-2628-5 (hardcopy) – ISBN 978-1-4222-2617-9 (series hardcopy) –
ISBN 978-1-4222-9119-2 (ebook)
  1. Guerrero, Vladimir, 1976–-Juvenile literature. 2. Hispanic American baseball play-
ers–Biography–Juvenile literature. 3. Baseball players–United
States–Biography–Juvenile literature. I. Title.
  GV865.G84R6418 2012
  796.357092–dc23
  [B]
                                                              2012024344

Harding House Publishing Services, Inc.
www.hardinghousepages.com

VLADIMIR GUERRERO

Capítulo 1

Béisbol, la República Dominicana, y Vladimir Guerrero

Vladimir Guerrero ha tenido una sorprendente carrera beisbolística; en sus 15 años en Las *Mayores* ha hecho de todo. Ha jugado en la Serie Mundial y en 9 versiones del *Juego de Las Estrellas*; ha sido reconocido como el Jugador Más Valioso (MVP) de la Liga Americana, y entre 2004 y 2009 ayudó a su equipo a ganar los cinco campeonatos del Oeste de la Liga Americana.

Muchos fanáticos lo consíderan uno de los mejores beisbolistas de todos los tiempos; es conocido por ser un bateador poderoso y un tremendo líder, alguien que hace hasta lo imposible para lograr el

éxito. Hoy es uno de los beisbolistas más famosos y populares.

Guerrero no fue siempre el sorprendente jugador que los fanáticos conocen hoy; ha trabajado muy duro para lograr sus sueños de jugar en Las Ligas Mayores. Ha recorrido un largo camino desde Quisqueya, pero fue su tierra natal la que le ayudó a convertirse en el beisbolista que es hoy.

La Historia del Béisbol Dominicano

Los trabajadores en el puerto quienes habían aprendido el juego de los marineros Americanos, trajeron el béisbol a la isla en 1866; luego inmigrantes cubanos, huyendo de su país por la guerra de los 10 años (1868–1878) llevaron el juego a todo el Caribe, incluyendo República Dominicana. Se empezaron a organizar equipos y campeonatos, irguiendo los cimientos del deporte antes que llegaran otros Marineros Americanos en 1916, quienes a su arribo encendieron la fiebre del béisbol dominicano.

Los isleños tienen una historia de amor con la pelota caliente; no lo ven solo como un deporte sino como una forma de vida. Para algunos chicos es una forma de salir de la pobreza.

Hoy algunas personas bromean con que los productos principales de exportación de la isla son la caña de azúcar y los beisbolistas—¡pero es la verdad! Los chicos crecen entendiendo el béisbol como mucho más que un juego divertido: es también una de las

Había una vez, Vladimir Guerrero estaba justo un pequeño muchacho que jugaba el béisbol en la República Dominicana.

La República Dominicana tiene mucha pobreza, pero también es rica en cultura.

mejores oportunidades para ganar fama y fortuna, así que juegan béisbol en pedregales con pelotas de cinta, palos por bates y guantes hechos de cartón.

¡Y así es justamente como empezó el gran jugador Vlad Guerrero! Para un joven pobre en la isla hay básicamente dos opciones: ganarse un salario mínimo o la pelota caliente. Habiendo más de 20 equipos *profesionales* norteamericanos establecidos en las academias de béisbol en la isla, contando cada uno con caza talentos, ese deporte es la opción más atractiva.

El salario y bono normal va por los ochocientos dólares al mes por cada candidato, además de recibir cada uno buena alimentación, hospedaje— si se requiere—y seguro médico.

Este deporte es tan importante en la vida dominicana que se invierten a su alrededor unos usd$84 millones anuales; mas de 450 jugadores dominicanos han podido hacer el salto a nivel de Ligas Mayores y muchos mas en las *Menores*.

De acuerdo a Al Ávila, asistente del Gerente General de Los Tigres de Detroit, cuyo padre, Ralph, dirigió la

Academia Dominicana de Los Dodgers de Los Ángeles por décadas: "El béisbol es la mejor alternativa a la pobreza de muchos de estos chicos y sus familias, ven en televisión y leen en los periódicos y las revistas cuantos de sus compatriotas lo han logrado. Los padres inician temprano a sus hijos en el béisbol; las cifras muestran que el sueño es alcanzable y aunque no lo lograran, estas academias albergan, alimentan y enseñan inglés a los muchachos. Se acostumbran a una nueva *cultura* siempre optimista y, por lo menos, si no pueden convertirse en jugadores, podrán ver otras puertas abiertas como la de convertirse en entrenador."

Claro que no todos alcanzan sus sueños, no todos son tan afortunados

El Peligro de los Esteroides

Para muchos jugadores profesionales, la presión de un buen desempeño es intensa. Los atletas se exponen al estrés desde la gente con la que se relacionan hasta la exigencia constante a sus habilidades, fuerza y velocidad; desde sus fans quienes desean ver a sus beisbolistas favoritos ganar y anotar buenos números hasta los entrenadores y managers de equipo quienes demandan mejor desempeño de sus jugadores hasta su máximo potencial, hasta sus propios compañeros, quienes rodeados por lo mejor del atletismo sienten que necesitan superarlos. ¡La presión por distinguirse es extrema!

A veces un atleta recurre a realzadores externos para alcanzar un nivel de competitividad que de otra forma no sería capaz de lograr; esto para nada es legal en los Estados Unidos y casi siempre es muy peligroso, lo que no ha impedido que muchos jugadores de las Grandes Ligas recurran a ellas.

Estos químicos son similares a la testosterona, hormona masculina producida por el cuerpo para ayudar en la formación de músculos. Es por eso que cuando un jugador usa esteroides anabólicos, tiene un notable incremento de velocidad y fuerza que es mayor a lo que de manera natural produjera su organismo. ¡Las Ligas Mayores (MLB) al igual que casi toda organización deportiva considera que esto es lo mismo que hacer trampa!

Los esteroides pueden subir peligrosamente el nivel de colesterol en el cuerpo y subir la presión arterial; esto estresa al corazón y puede causar un alto riesgo de enfermedad cardíaca. Altas dosis de esteroides pueden también producir fallas hepáticas y tener efectos negativos en los niveles de glucosa, causando problemas similares a la diabetes.

Los Dominicanos en Japón

No solo los Estados Unidos buscan talento beisbolero en Quisqueya; la Liga Profesional de Nipón (NPL) en Japón están haciéndolo también. Alfonso Soriano de San Pedro de Macorís, por ejemplo firmó contrato a la edad de 21 para Los Carpa Toyo de Hiroshima. Jugó una temporada para su academia y luego se valió de una treta para retirarse y unirse a Los Yankees de Nueva York en 1998.

Robinson Checo y Timo Pérez también firmaron para Los Carpa y luego hicieron el salto a Las Mayores de Norteamérica. Con éste éxito, otros equipos japoneses empezaron a construir sus propias academias y terminaron convirtiéndose en otra opción más para los jóvenes que esperaban alcanzar su sueño de ganar buen dinero jugando béisbol.

Al igual que los peloteros Americanos, los jugadores japoneses también están interesados en la opción dominicana para pulir sus habilidades, especialmente desde que el jugador japonés Masato Yoshii tuviera algo de éxito en la temporada isleña del 2003.

como Vlad Guerrero y hay muchas otras situaciones también; a veces los caza talentos independientes sacan ventaja de los chicos, mientras otros usan esteroides, lo que es un grave problema.

Pero así mismo hay otro lado de la moneda, más beisbolistas dominicanos llegan a nivel profesional que beisbolistas de otros países, y aquellos que no lo logran, los dos años o más de haber obtenido un ingreso fijo, y elevado su estrato económico les ayuda a mejorar su nivel de vida tanto a los jugadores como a sus familias.

Muchos jóvenes usan el dinero para invertirlo en su educación. Jugadores como Pedro Martínez, David Ortiz, Manny Ramírez, Sammy Sosa, y Vladimir Guerrero han mantenido sus raíces en la isla; muchos de ellos invierten importantes cantidades en el mejoramiento de la comunidad Quisqueyana. Estos héroes del béisbol ayudan a mantener vivo el sueño de jugar pelota para las siguientes generaciones.

A través del béisbol Los dominicanos le han probado al mundo lo sorprendentes, talentosos y fuertes que son—¡y jugadores como Vlad Guerrero llenan de orgullo a su nación!

Capítulo 2

COMIENZOS

Vladimir Guerrero nació el 9 de Febrero de 1975 en el pueblo de Nizao en la República Dominicana. Su madre Alvina, trabajaba vendiendo comida, su padrastro Damián trabajaba en una compañía de buses, tenían 9 hijos.

De pequeño Vlad aprendió a trabajar duro en la granja de su abuelo, donde cuidaba ganado; el trabajo pesado volvió sus manos fuertes, y luego Vladimir sería conocido por no ponerse guantes al batear . . . ¡no los necesitaba después del trabajo duro con los toros de la granja familiar!

También trabajó ayudando a su mamá en el puesto de comida, pero a pesar de trabajar tan duro la familia no ganaba lo suficiente, aunque tenían casa propia—alguna vez una estructura de bareque que la familia fue edificando en madera y concreto—Vladimir estaba siempre orgulloso de su modesto hogar.

Desafortunadamente el dinero que sus padres ganaban no alcanzaba para alimentar tan grande familia. En 1988 su madre fue a trabajar para una familia adinerada en Venezuela y vendría a visitar a la familia cada navidad que podía y hablaba con sus hijos por teléfono público cada tanto. Vivir lejos de sus hijos fue muy duro para Alvina quien los extrañaba tanto como ellos a ella, pero hizo lo que tenía que hacer para cuidar de su familia y trabajó allá hasta mediados de los 90.

Mientras tanto él trabajó duro, y cuando no estaba trabajando disfrutaba jugando béisbol con los otros chicos de Nizao. Siempre jugaba bien. ¡De hecho jugaba con chicos mayores desde que tenía cinco años!

Aunque su pueblo no era conocido por producir grandes peloteros, el béisbol era parte del ritmo de vida de Nizao, donde jugaban con una lima o un limón enrollado en medias viejas, una rama de guayabo era el bate y los guantes de los jardineros se hacían con cajas de leche. Los chichos disfrutaban una forma de béisbol conocido como "La placa": el home era una placa de automóvil y el bateador debía mantener tocando el plato con su bate hasta que el lanzador soltara la pelota; esta práctica hizo de Vladimir un gran bateador de pelota baja.

Wilton, el hermano mayor—por un año—de Vladimir, también amaba el béisbol. Muchos pensaban que él era el mejor jugador que habían visto en Nizao. Juntos jugaban con algunos de los chicos del pueblo—Deivi Cruz y Miguel Tejada (quienes luego se convertirían en beisbolistas profesionales)—jugaron ambos con Wilton y Vladimir.

Pronto, los *cazatalentos* de Los Dodgers vinieron a ver a los hermanos jugar; ambos fueron a jugar en el campo de entrenamiento del equipo, quienes *firmarían contrato* con Wilton cuando tenía tan solo 16 años para jugar con ellos en Las Menores y trabajó duro hasta llegar a Las Mayores.

Vladimir estaba tanto emocionado como envidioso de su hermano. Era de menor estatura que Wilton y se preguntaba si su oportunidad vendría con Los Dodgers o si lo considerarían demasiado pequeño; entre tanto Los

En 1994, Guerrero comenzó a jugar para equipos de la granja de Los Expos.

Dodgers enviaron a un cazatalentos para que estuviera observándolo. Se daban cuenta de que era muy bueno, pero no estaban seguros si contratarlo o no.

Vlad se cansó de esperar y decidió dejar el campo de entrenamiento, buscando otro camino para llegar a Las Mayores.

Cazatalentos de Los Expos de Montreal habían oído que Vladimir era buen beisbolista, y poco tiempo después de dejar el campo de Los Dodgers lo contrataron para Las Menores. El joven les dijo que tenía 17 años—un año menos, diciéndoles que había nacido en 1976—para que no lo consideraran bajo de estatura,

pero Vlad tenía en realidad 18 años cuando firmó contrato en marzo del 93. En la República Dominicana muchos jóvenes beisbolistas mienten sobre sus edades para que los cazatalentos piensen que tienen más posibilidades de ser jugadores sorprendentes a medida que crecen. Nadie supo su verdadera edad hasta mucho tiempo después.

Ahora Vladimir se iba a Las Menores; puede que haya mentido sobre su edad, pero de todas formas había jugado duro para ser un buen beisbolista y ahora sus sueños empezaban a realizarse . . . ¡se ganaría la vida jugando béisbol! Tendría que trabajar muy duro para llegar a Las Grandes Ligas.

En 1994, empezó a jugar con los equipos de entrenamiento de Los Expos. Montreal lo ubicó con Los Expos de la Liga de La Costa del Golfo, un equipo que jugaba en la Liga de *Novatos*.

Jugando en Las Menores

En la temporada del 94, Guerrero jugó 37 partidos con Los Expos de la Liga del Costa Gulf, anotando 24 carreras y 25 *carreras impulsadas*; logró 5 jonrones y tuvo un *promedio de bateo* de .314 mientras obtuvo un porcentaje de desempeño de .986.

El año siguiente, Montreal envió a Guerrero a Los Polcats de Albany, donde pudo jugar mucho mejor: 110 partidos durante los cuales anotó 77 carreras y 63 carreras impulsadas con un porcentaje de desempeño de .953.

En el 96, Vladimir jugó para dos equipos: primero Los Expos de West Palm Beach (tan solo 20 partidos) y Los Senadores de Harrisburg (118 partidos). Anotó 84 carreras, 78 carreras impulsadas, 19 jonrones y 17 bases robadas. Su promedio de bateo fue de .360 y en el campo su promedio de desempeño fue de .961.

Los Expos estaban positivamente impresionados con su desempeño; en septiembre del 96 lo llamaron a Las Mayores y jugó 9 partidos con el equipo para finales de temporada. ¡Pronto tendría oportunidad de jugar mucho más!

Jugando con Las Mayores

En 1997, Guerrero jugó su primera temporada completa con Los Expos, pero lamentablemente no pudo jugar tanto como quería. Una mala bola le había golpeado a principio de año, lastimándolo mucho, y no pudo jugar hasta mayo. Luego, cuando regresó con Los Expos, jugó por un mes antes de lastimarse de nuevo; pero en cuanto se sintió mejor volvió al campo, sin embargo su temporada terminó temprano al sufrir otra lesión. Vlad jugó solo 90 partidos con el equipo en su año como novato, anotando 44 carreras y 40 carreras impulsadas, 11 jonrones, un bateo promedio de .302 y un porcentaje de desempeño de .929. Su equipo no tuvo muy buena temporada tampoco. Ganaron 78 partidos y perdieron 84, terminando de cuartos en la división de la Liga Nacional del Este.

Guerrero había tenido un primer año difícil en Las Mayores—había perdido mucho tiempo mejorando de sus lesiones—pero quería asegurarse de que su temporada 98 fuera mucho

Vladimir Guerrero.

mejor. Estaba listo para trabajar duro y demostrar que merecía la oportunidad de jugar en Las Mayores.

Vladimir había vivido con Pedro Martínez ese primer año en Montreal; se habían conocido cuando Guerrero le llevaba comida a su hermano en el campo de Los Dodgers y, Martínez—quien apenas empezaba en Las Mayores—estaba de visita. Se enfrentaron en el juego de la Liga de Invierno—Martínez con Los Licey y Guerrero con Las Estrellas—y Pedro vivía solo y le caía bien Vladimir; así

que le pareció bien encargarse de él y darle un lugar donde dormir mientras le ayudaba también a amoldarse a una ciudad francófona.

Sin embargo a fin de año Vlad estaba feliz de volver a casa por un tiempo; allí él y Wilton revisarían su proyecto favorito: reconstruir y expandir la casa de la familia. Ninguno de los dos ganaba mucho dinero todavía y la construcción avanzaba cuarto por cuarto con la colaboración de todos. ¡El béisbol no le había hecho olvidar su casa!

Capítulo 3

Trasladándose a Montreal

Pero cuando era tiempo de salir de nuevo al campo . . . Vlad estaba listo para ir; no quería pasar la temporada descansando y sintiéndose mejor. ¡Quería pasar el año ganando juegos y logrando grandes números!

En el 2000, Guerrero jugaba muy bien.

cuarto lugar en la Liga Nacional del Este por tercer año consecutivo. Ganaron 68 juegos y perdieron 94, 35 juegos por debajo del equipo ganador.

En el 2000, Vlad jugó muy bien en 154 partidos para Los Expos, anotando 101 carreras con 123 carreras impulsadas, pero el equipo no lo hizo mucho mejor que el año anterior, terminando de cuartos en la LNE de nuevo. Ganaron 67 partidos y perdieron 95.

El equipo no estaba haciéndolo muy bien—¡pero Guerrero si! Fue elegido para estar en el Juego de Las Estrellas en 1999 y 2000. Ganó el premio Bateador de Plata en esos mismos años y rápidamente se convirtió en el jugador que los fanáticos querían ver.

Quedándose con Los Expos

En la temporada 2001, Vlad jugó 159 partidos para Los Expos, anotando 107 carreras con 108 carreras impulsadas, 34 jonrones y robando 37 bases. Esto significaba que entraría al club 30-30. ¡No muchos jugadores anotan más de 30 jonrones y roban más de 30 bases en una temporada! Su promedio de bateo fue de .307 y fue elegido para el Juego de las Estrellas de ese año.

Mientras tanto, sin embargo, Los Expos de Montreal terminaron de últimos en la Liga Nacional del Este en 2001

Jugando para Los Expos

En 1998, Guerrero jugó 159 partidos, anotando 108 jonrones y 109 carreras impulsadas. Logró 38 jonrones y un promedio de bateo de .324, pero Los Expos tuvieron otro año difícil y ganó muchos menos partidos que en el año anterior—solo 65—y perdieron 97.

La siguiente temporada, Vlad pudo jugar en 160 partidos para Montreal, anotó 102 carreras y 131 carreras impulsadas, 42 jonrones y un promedio de bateo de .316. Este año el equipo logró un

Guerrero llegó a ser un jugador independiente en 2003.

En 2002, Guerrero ganó el premio de Silver Slugger, se había unído al 30-30 club por segunda vez, y fue escogido para jugar en el partido All-Star.

El equipo solo había ganado 68 partidos y perdido 94, terminando 20 juegos atrás del campeón Los Bravos de Atlanta.

En el 2002, Guerrero jugó en 161 partidos para Los Expos, anotando 106 carreras, 111 carreras impulsadas y 39 jonrones, y robando 40 bases. Al final del año, ganó el premio Bateador de Plata. Entró por segunda vez al Club 30-30 y fue elegido para el Juego de las Estrellas nuevamente.

Los Expos lo hicieron mucho mejor en el 2002 que en años anteriores y terminaron de segundos en la Liga Nacional del Este. Habían ganado 83 partidos y perdido 79; sin embargo, seguían 19 partidos atrás de Los Bravos.

En 2003, Vlad participó en 112 partidos para Los Expos, anotando 71 carreras con 79 carreras impulsadas, y bateando 25 jonrones con un promedio de bateo de .330. Guerero jugó mucho menos este año, pero lo hizo de todas formas bastante bien.

Los Expos terminaron la Liga Nacional del Este en cuarto lugar; habían ganado 83 partidos y perdido 79. Habían jugado mejor, al igual que los otros equipos.

Después de la temporada, Guerrero quedó libre de contrato. El equipo lo había introducido a Las Grandes Ligas, pero él debía continuar.

Capítulo 4

JUGANDO CON LOS ÁNGELES

Guerrero firmó contrato con Los Angelinos de Los Ángeles por $70 millones. Jugaría para el equipo por cinco temporadas. Vlad había recorrido un larguísimo camino de sus días de trabajo en la granja.

Guerrero en Los Ángeles

En la temporada 2004, Guerrero jugó excelentemente bien; estuvo en 156 partidos para el equipo, anotando 124 carreras, con 126 carreras impulsadas y 39 jonrones, y robando 15 bases con un bateo promedio de .337; además fue elegido para el Juego de las Estrellas nuevamente. A fin de año recibió el premio al Jugador Mas Valioso de la Liga (MVP) por primera vez y nuevamente recibió el premio Bateador de Plata.

La temporada de Guerrero de 2004 fue muy, muy bien.

Los Ángeles lo hicieron muy bien ese año, ganando en la División Occidental de La Liga Americana. Ganaron 92 partidos y perdieron 70—y luego se enfrentaron a Los Medias Rojas de Boston en la Serie de División de la Liga Americana, pero perdieron en solo tres partidos . . . y su temporada había terminado.

Sin embargo, en 2005, Guerrero y su equipo lo hicieron bastante bien; el beisbolista jugó en 141 partidos para Los Ángeles y anotaron 95 carreras con 108 carreras impulsadas, 32 jonrones y 13 bases robadas, teniendo un promedio de bateo de .317. Mientras tanto, Los Ángeles ganaron de nuevo después con 95 victorias y solo 67 derrotas. En la Serie de División de la Liga Americana derrotaron a Los Yankees 3–2; en el Campeonato de Serie de la Liga Americana se enfrentaron a Los Medias Blancas de Chicago, perdiendo 1–4.

Vlad estuvo en un comercial de televisión en 2005; junto a Alex Rodriguez en un comercial de Pepsi—¡lo que no le sucede a muchos beisbolistas! Luego fue elegido para participar en el Juego de las Estrellas de ese año y premiado con el Bateador de Plata. ¡Había sido un año espectacular para Vlad!

En el 2006, jugó 156 partidos para Los Ángeles y anotó 92 carreras, 116 carreras

Guerrero fue escogido para jugar en el partido All-Star de 2007, y él también ganó el premio de Silver Slugger a fines de la temporada.

impulsadas y 33 jonrones; robó 15 bases y tuvo un bateo promedio de .329. Fue elegido para el Juego de las Estrellas y nuevamente ganó el Bateador de Plata.

Pero el equipo tuvo un año difícil, aunque lo había estado haciendo bastante bien y ganado en su división por algunos años seguidos, pero este año terminaron de segundos después de ganar 89 partidos y perder 73 . . . ¡no llegaron a la post-temporada!

En el 2007, Guerrero jugó en 150 partidos para Los Ángeles con 89 carreras, 125 carreras impulsadas y 27 jonrones, con un bateo promedio de .324. Fue elegido de nuevo para el Juego de las Estrellas y nuevamente

ganó el Bateador de Plata al final de la temporada.

Los Ángeles lo hicieron mejor este año, ganando en la Liga American del Oeste en 94 partidos y perdiendo solo 68. Fueron a los juegos de invierno enfrentando a Los Medias Rojas de Boston ante quienes perdieron en tres partidos. Lo hicieron mejor que el año anterior, pero su post-temporada terminó muy pronto.

De todas formas, Vlad fue elegido para unirse al Derby de Jonrones de 2007 (el primero de su carrera)—¡y terminó ganándolo!

En el 2008, jugó en 143 partidos con 85 carreras, 91 carreras impul-

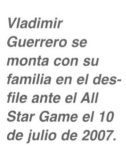

Vladimir Guerrero se monta con su familia en el desfile ante el All Star Game el 10 de julio de 2007.

Guerrero fue escogido para competir en el Jonrón Derby en 2007.

sadas, 27 jonrones y un promedio de bateo de .303. Su equipo terminó en primer lugar en la Liga Americana del Oeste, con 101 victorias y 62 derrotas. Vlad y el equipo enfrentaron a Los Medias Rojas en la Serie de División de Ligas, pero perdieron ante Boston, 1–3. Los Ángeles tuvieron un buen año, pero su post-temporada terminó temprano de nuevo.

Un Año Más con Los Ángeles

Antes de la temporada del 2009, el equipo extendió el contrato de Guerrero por un año más y acordaron pagarle $15 millones.

Vlad jugó 100 partidos; anotó 59 carreras, 50 carreras impulsadas y 15 jonrones, bateando a un promedio de .295. Fue otro gran año para el equipo quienes terminaron la temporada regular ganando 97 partidos y perdiendo 65, primeros en la Liga Americana del Oeste.

En la Serie de División de la Liga Americana, Los Ángeles enfrentó a Los Medias Rojas de nuevo, pero esta vez les ganaron en solo tres juegos. En el Campeonato de Serie de la Liga Americana, enfrentaron a Los Yankees de Nueva York, perdiendo 2–4. La temporada terminaba para Los Ángeles—y también el contrato de Guerrero.

Capítulo 5

VLADIMIR GUERRERO HOY

Vladimir había jugado con Los Ángeles por cuatro años y había tenido grandiosas temporadas con el equipo, pero en el 2010, debía hacer otro cambio más.

Mas Movimientos

En el 2010, Guerrero firmó contrato con Los Rangers de Texas y jugaría un año con ellos, por $5.5 millones.

Jugó en 152 partidos, anotando 83 carreras y 115 carreras impulsadas, logrando 29 jonrones y un promedio de bateo de .300. Los Rangers tuvieron un año grandioso y fueron los primeros en la Liga Americana del Oeste después de ganar 90 partidos y perder 72. En la Liga Nacional, el equipo enfrentó y le ganó a las Rayas de Tampa Bay. Llegaron al Campeonato de Serie de la Liga Nacional, donde enfrentaron y vencieron a Los Yankees de Nueva York en seis juegos. Ahora Vlad y Los Rangers irían a La Serie Mundial . . . ¡la primer vez para Vlad!

Los Rangers enfrentarían a Los Gigantes de San Francisco. La serie duró por cinco partidos, pero al final, perdieron ante San Francisco. Tuvieron de todas formas una excelente temporada, aunque no pudieron terminar con el campeonato de la Serie Mundial. Vlad estaba decepcionado.

En Febrero del 2011, Guerrero firmó contrato con Los Orioles de Baltimore para jugar con ellos por una temporada con un salario de usd$8 millones. El beisbolista había tenido un buen año, jugando en 145 partidos con Los Orioles y ano-tando 60 carreras y 63 carreras impulsadas, logrando 13 jonrones y un promedio de bateo de .290. Pero Los Orioles no lo hicieron muy bien ese año y terminaron de últimos en la Liga del Este, ganando 69 partidos y perdiendo 93.

Para final de temporada, el jugador estaba libre de contrato nuevamente.

Y . . . ¿Ahora Qué?

Vladimir Guerrero ha tenido una sorprendente carrera en el béisbol. Ha jugado en la Serie Mundial y en el Juego

Guerrero jugaba para los Rangers en 2010.

Guerrero ha encontrado éxito en el béisbol—pero él no se ha olvidado de sus raíces dominicanas.

de las Estrellas; ha sido reconocido Jugador Más Valioso (MVP) de La Liga Americana, participado en un video comercial y figurado en la portada de un video juego. Vlad ha sido uno de los mejores beisbolistas de todos los tiempos. Pocos jugadores pueden decir que han tenido tantas buenas temporadas en la MLB como Guerrero.

Sin embargo, el béisbol no es lo más importante en su vida—su familia es muy importante. Vlad tiene seis hijos, y siempre ha sido cercano a su madre; vivió con ella muchos años mientras jugaba para Los Ángeles.

Guerrero ha encontrado éxito en el béisbol, pero no ha olvidado sus raíces dominicanas. Cada invierno viaja a Quisqueya para relajarse y también trabaja para ayudar a sus coterráneos.

Junto con su hermano Wilton son socios de negocios en Nizao. A los hermanos no les molesta si no ganan dinero; su intención es crear oportunidades laborales para la gente de su pueblo y ayudarlos a vivir mejor.

"Esperamos que Dios nos continúe bendiciendo para que podamos seguir manteniendo a nuestra familia y ayudando a quienes trabajan para nosotros," declaró Guerrero.

Vladimir ha tenido una gran carrera beisbolística y todavía tiene muchas metas que alcanzar . . . aun no ha ganado la Serie Mundial. Nadie puede saber con certeza lo que le espera a este exitoso beisbolista, pero una cosa es cierta—este hombre seguirá trabajando duro para mantener su éxito deportivo y para ayudar a otros.

Descubra Más

Por Internet

Historia del Béisbol Dominicano

www.misterdeportes.com/no11/art05.htm

Kidzworldespañol

www.kidzworldespanol.com/articulo/2293-grandes-momentos-beisbol

LIDOM

www.lidom.com.do

MLB

mlb.mlb.com/es/index.jsp?c_id=mlb

En los Libros

Cruz, Hector H. *Béisbol Dominicano: Orígenes, Evolución, y Héroes.* Santo Domingo, D.R.: Alfa y Omega, 2006.

Kurlansky, Mark. *Las Estrellas Orientales: Como el Béisbol Cambio el Pueblo Dominicano de San Pedro de Macorís.* New York: Riverhead Books, 2010.

Wendel, Tim. *Lejos de Casa: Jugadores de Béisbol lations en los Estados Unidos.* Washington, D.C.: National Geographic, 2008.

Glosario

agente libre: Un jugador que al momento no tiene contrato con equipo alguno.

carreras impulsadas (RBI): Número de puntos que obtiene un bateador por lograr una anotación para su equipo.

cazatalentos: Personas a cargo de encontrar los mejores jugadores jóvenes para adherirse a los equipos para los cuales trabajan.

contrato: Un compromiso por escrito entre el jugador y el equipo en el que se registra la ganancia que devengará el beisbolista y la cuantía de tiempo.

cultura: La identidad de un grupo de gente que incluye gustos, creencias, idioma, comida, y arte.

defensa: Jugar evitando que el otro equipo anote, incluyendo las posiciones de jardín externo e interno, pitcher, y catcher.

división: Un grupo de equipos que compiten por el campeonato; en las Ligas Mayores, las Divisiones están determinadas por su ubicación geográfica.

firmar: Estar de acuerdo con lo contratado por algún equipo en particular.

gerente general: La persona a cargo de la dirección administrativa del equipo de béisbol, y quien es responsable de guiarlo.

herencia: Algo que se pasa desde las generaciones anteriores.

Juego de las Estrellas: El torneo jugado en julio entre los mejores jugadores de cada una de las dos ligas dentro de Grandes Ligas.

Ligas Mayores de Béisbol (MLB): El más alto nivel de béisbol profesional en los Estados Unidos y Canadá.

Ligas Menores: El nivel de béisbol Professional inmediatamente anterior a las Ligas Mayores.

lista de lesionados: Lista de jugadores que se han lesionado y no pueden jugar por algún período de tiempo no determinado.

negociar: Hacer un acuerdo con otro equipo para intercambiar jugadores.

novato: Jugador en su primer año dentro de las Ligas Mayores.

ofensiva: Jugar para anotar carreras estando al bate.

playoffs: Series de partidos que se juegan al final de la temporada regular para determiner quien ganará el campeonato.

profesional: Nivel de béisbol en que el jugador recibe remuneración.

promedio de bateo: Una estadística que mide la calidad del bateador, calculada al dividir el número de bateos logrados por las veces que toma el bate.

Índice